句容寨花头土墩墓群发掘报告

（下）

南 京 博 物 院
镇 江 博 物 馆
常 州 博 物 馆　编著
句 容 市 博 物 馆

文物出版社

Excavation Report on Burial Mounds at Zhaihuatou in Jurong

(II)

by

Nanjing Museum
Zhenjiang Museum
Changzhou Museum
Jurong Museum

Cultural Relics Press

彩版目录

1．寨花头JNZD1发掘前地貌

2．寨花头JNZD1发掘现场

彩版一　寨花头JNZD1

1. 寨花头JNZD1M1

2. 硬陶坛JNZD1M1：2

3. 原始瓷罐JNZD1M1：3

4. 原始瓷豆JNZD1M1：5

5. 原始瓷豆JNZD1M1：6

6. 原始瓷豆JNZD1M1：7

彩版二　寨花头JNZD1M1及出土器物

1．寨花头JNZD1M2

2．陶鼎JNZD1M2：6

3．硬陶坛JNZD1M2：5

4．硬陶坛JNZD1M2：8

彩版三　寨花头JNZD1M2及出土器物

1．硬陶罐JNZD1M2：1

2．硬陶罐JNZD1M2：2

3．陶罐JNZD1M2：17

4．陶罐JNZD1M2：22

5．硬陶瓿JNZD1M2：15

6．原始瓷豆JNZD1M2：11

彩版四　寨花头JNZD1M2出土器物

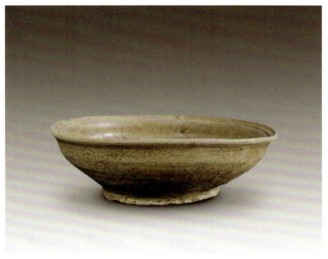

1．原始瓷碗JNZD1M2：9

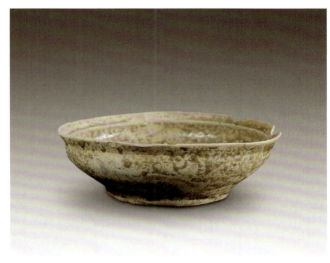

2．原始瓷碗JNZD1M2：10

3．陶器盖JNZD1M2：16

4．陶器盖JNZD1M2：18-1

5．陶纺轮JNZD1M2：13

6．玉玦JNZD1M2：20

彩版五　寨花头JNZD1M2出土器物

1. 寨花头JNZD1Q1

2. 原始瓷豆JNZD1Q1∶2

3. 原始瓷豆JNZD1Q1∶3

4. 寨花头JNZD1Q2

彩版六　寨花头JNZD1Q1、Q2及出土器物

1．寨花头JNZD1Q3

2．硬陶坛JNZD1Q3：1

3．寨花头JNZD1Q4

4．陶器盖JNZD1Q4：1

5．寨花头JNZD1Q5

6．原始瓷豆JNZD1Q5：1

彩版七　寨花头JNZD1Q3、Q4、Q5及出土器物

1．寨花头JNZD1Q6

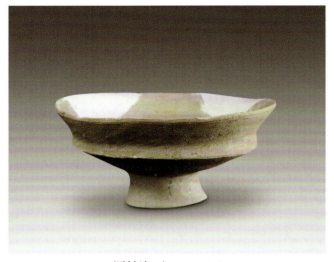

3．原始瓷豆JNZD1Q6：2

2．原始瓷豆JNZD1Q6：1

4．原始瓷豆JNZD1Q6：3

5．寨花头JNZD1Q7

彩版八　寨花头JNZD1Q6、Q7及出土器物

1．寨花头JNZD1Q8

2．陶豆JNZD1Q8：1

3．寨花头JNZD1Q9

4．寨花头JNZD1Q10

彩版九　寨花头JNZD1Q8、Q9、Q10及出土器物

1．陶碗JNZD1采：3

2．原始瓷豆JNZD1采：1

3．原始瓷豆JNZD1采：2

4．寨花头JNZD1H1

5．寨花头JNZD1F1

彩版一〇　寨花头JNZD1F1、H1与采集器物

1. 寨花头JNZD2发掘前地貌

2. 寨花头JNZD2发掘现场

彩版一一　寨花头JNZD2

1. 寨花头JNZD2M1

3. 硬陶坛JNZD2M1：2

2. 陶鼎JNZD2M1：6

彩版一二　寨花头JNZD2M1及出土器物

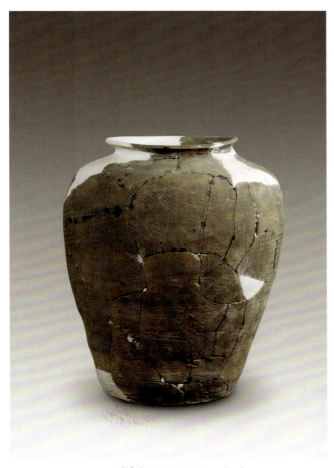

1．硬陶坛JNZD2M1：7-2

2．原始瓷碗JNZD2M1：1

4．原始瓷碗JNZD2M1：4

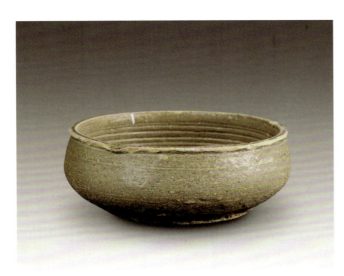

3．原始瓷碗JNZD2M1：3

5．原始瓷碗JNZD2M1：5

彩版一三　寨花头JNZD2M1出土器物

1．寨花头JNZD2M2

2．陶坛JNZD2M2：8-2

3．硬陶坛JNZD2M2：6

4．硬陶坛JNZD2M2：7

彩版一四　寨花头JNZD2M2及出土器物

1．原始瓷碗JNZD2M2：1

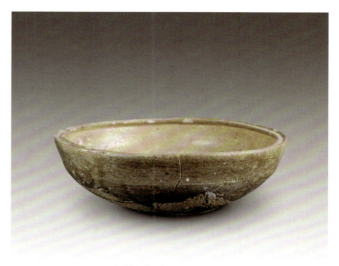

2．原始瓷碗JNZD2M2：2

3．原始瓷碗JNZD2M2：3

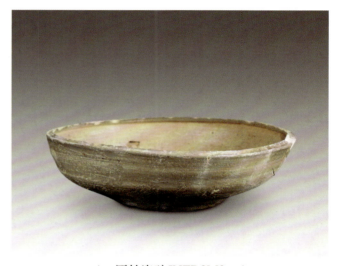

4．原始瓷碗JNZD2M2：4

5．陶钵JNZD2M2：8-1

6．陶纺轮JNZD2M2：9

彩版一五　寨花头JNZD2M2出土器物

1．寨花头JNZD2M3

3．硬陶坛JNZD2M3：17

2．陶鼎JNZD2M3：14-2

4．硬陶坛JNZD2M3：19

彩版一六　寨花头JNZD2M3及出土器物

1. 硬陶罐JNZD2M3：16—2

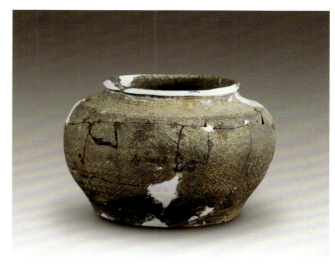

2. 硬陶瓿JNZD2M3：11—2

3. 硬陶瓿JNZD2M3：12—2

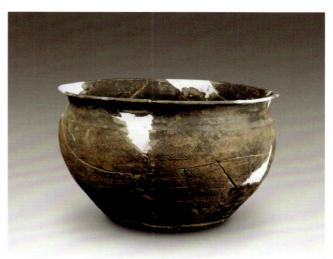

4. 陶盆JNZD2M3：18

5. 原始瓷碗JNZD2M3：1

6. 原始瓷碗JNZD2M3：2

彩版一七　寨花头JNZD2M3出土器物

1. 原始瓷碗JNZD2M3：3

2. 原始瓷碗JNZD2M3：4

3. 原始瓷碗JNZD2M3：5

4. 原始瓷碗JNZD2M3：6

5. 原始瓷碗JNZD2M3：8

6. 原始瓷碗JNZD2M3：10

彩版一八　寨花头JNZD2M3出土器物

1．寨花头JNZD2M4

2．陶罐JNZD2M4：8-2

4．陶碗JNZD2M4：4

3．硬陶瓿JNZD2M4：9-2

5．陶器盖JNZD2M4：3-1

彩版一九　寨花头JNZD2M4及出土器物

1. 寨花头JNZD2M5、M6

3. 硬陶坛JNZD2M5：8-2

2. 陶鼎JNZD2M5：2-2

4. 硬陶罐JNZD2M5：6

彩版二〇　寨花头JNZD2M5及出土器物

1. 硬陶瓿JNZD2M5：3-2

2. 硬陶瓿JNZD2M5：4-2

3. 陶盆JNZD2M5：1

4. 陶盆JNZD2M5：3-1

5. 陶盆JNZD2M5：5-1

6. 陶盆JNZD2M5：8-1

彩版二一　寨花头JNZD2M5出土器物

1．陶盆JNZD2M5：10

2．原始瓷碗JNZD2M5：7

3．原始瓷碗JNZD2M5：9

4．原始瓷碗JNZD2M5：11

5．陶器盖JNZD2M5：2—1

6．陶器盖JNZD2M5：13

彩版二二　寨花头JNZD2M5出土器物

1. 陶鼎JNZD2M6：1-2

2. 硬陶瓿JNZD2M6：2

3. 硬陶瓿JNZD2M6：4-2

4. 硬陶瓿JNZD2M6：5-2

5. 陶碗JNZD2M6：4-1

6. 陶碗JNZD2M6：5-1

彩版二三　寨花头JNZD2M6出土器物

1. 寨花头JNZD2M7

2. 陶鼎JNZD2M7：10—2

3. 陶鼎JNZD2M7：12—2

4. 陶鼎JNZD2M7：14

彩版二四　寨花头JNZD2M7及出土器物

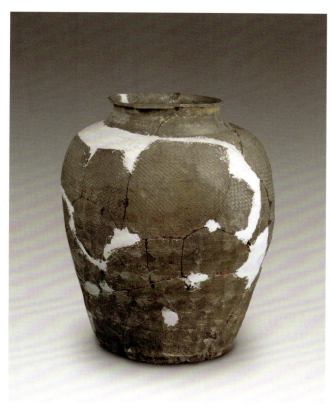

1．硬陶坛JNZD2M7：7—2

2．硬陶坛JNZD2M7：8

3．硬陶罐JNZD2M7：9—2

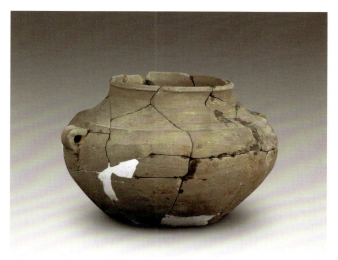

4．陶罐JNZD2M7：11—2

5．硬陶瓿JNZD2M7：15—2

彩版二五　寨花头JNZD2M7出土器物

1. 寨花头JNZD2M8

3. 硬陶坛JNZD2M8：5

2. 陶鼎JNZD2M8：2-2

4. 硬陶罐JNZD2M8：3-2

彩版二八　寨花头JNZD2M8及出土器物

1．陶罐JNZD2M8：4

2．硬陶瓿JNZD2M8：6

3．硬陶瓿JNZD2M8：7－2

4．原始瓷碗JNZD2M8：1

5．陶器盖JNZD2M8：2－1

彩版二九　寨花头JNZD2M8出土器物

1．寨花头JNZD2M9

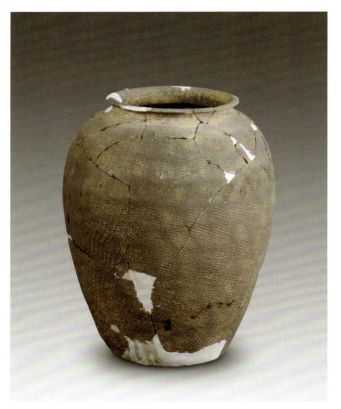

3．硬陶坛JNZD2M9：4

2．陶鼎JNZD2M9：2

4．硬陶瓿JNZD2M9：1

彩版三〇　寨花头JNZD2M9及出土器物

1．寨花头JNZD2M10、M11

2．陶鼎JNZD2M10：2-2

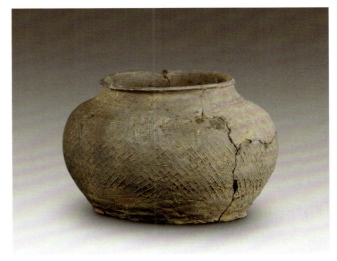

3．硬陶瓿JNZD2M10：1-2

4．陶盆JNZD2M10：1-1

5．陶器盖JNZD2M10：2-1

彩版三一　寨花头JNZD2M10及出土器物

1. 硬陶坛JNZD2M11：1

3. 原始瓷豆JNZD2M11：4

4. 原始瓷豆JNZD2M11：5

2. 陶罐JNZD2M11：7

5. 原始瓷豆JNZD2M11：6

彩版三二　寨花头JNZD2M11出土器物

1．寨花头JNZD2M12

2．陶鼎JNZD2M12：7

4．陶罐JNZD2M12：10

3．硬陶坛JNZD2M12：12-2

5．硬陶瓿JNZD2M12：6-2

彩版三三　寨花头JNZD2M12及出土器物

1．陶盆JNZD2M12：8

2．原始瓷碗JNZD2M12：2

3．原始瓷碗JNZD2M12：3

4．陶碗JNZD2M12：4

5．陶器盖JNZD2M12：5-1

6．陶器盖JNZD2M12：9

彩版三四　寨花头JNZD2M12出土器物

1. 寨花头JNZD2M13

2. 陶鼎JNZD2M13：7-2

3. 陶鼎JNZD2M13：8

5. 硬陶坛JNZD2M13：17-2

4. 陶鼎JNZD2M13：9-2

彩版三五　寨花头JNZD2M13及出土器物

1．硬陶坛JNZD2M13：18-2

3．硬陶罐JNZD2M13：1-2

4．硬陶罐JNZD2M13：2

2．硬陶坛JNZD2M13：19-2

5．硬陶罐JNZD2M13：16-2

彩版三六　寨花头JNZD2M13出土器物

1．硬陶瓿JNZD2M13：3-2

2．硬陶瓿JNZD2M13：4-2

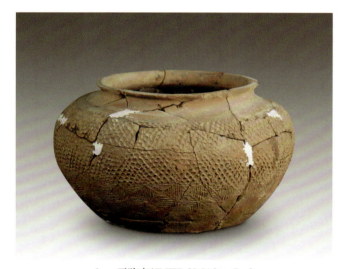

3．硬陶瓿JNZD2M13：5-2

4．陶盆JNZD2M13：18-1

5．陶碗JNZD2M13：1-1

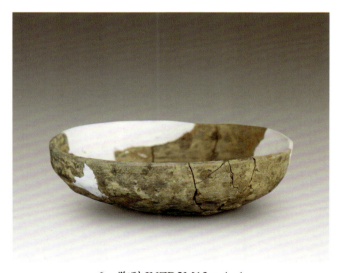

6．陶碗JNZD2M13：4-1

彩版三七　寨花头JNZD2M13出土器物

1. 原始瓷碗JNZD2M13：10

2. 原始瓷碗JNZD2M13：11

3. 原始瓷碗JNZD2M13：12

4. 原始瓷碗JNZD2M13：13

5. 原始瓷碗JNZD2M13：14

6. 陶器盖JNZD2M13：7-1

彩版三八　寨花头JNZD2M13出土器物

1．寨花头JNZD2M14

3．硬陶坛JNZD2M14：9

2．陶鼎JNZD2M14：1-2

4．硬陶坛JNZD2M14：10

彩版三九　寨花头JNZD2M14及出土器物

1．硬陶坛JNZD2M14：11

3．硬陶瓿JNZD2M14：6-2

4．陶罐JNZD2M14：3-2

2．硬陶瓿JNZD2M14：5-2

5．硬陶罐JNZD2M14：4-2

彩版四〇　寨花头JNZD2M14出土器物

1．陶碗JNZD2M14：1-1

2．陶钵JNZD2M14：2

3．陶钵JNZD2M14：3-1

4．陶钵JNZD2M14：4-1

5．陶钵JNZD2M14：5-1

6．陶器盖JNZD2M14：7-1

彩版四一　寨花头JNZD2M14出土器物

1. 寨花头JNZD2M15

3. 硬陶坛JNZD2M15：14－2

2. 陶鼎JNZD2M15：23

4. 硬陶坛JNZD2M15：16－2

彩版四二　寨花头JNZD2M15及出土器物

1．硬陶坛JNZD2M15：17

2．硬陶坛JNZD2M15：18

3．硬陶坛JNZD2M15：19-2

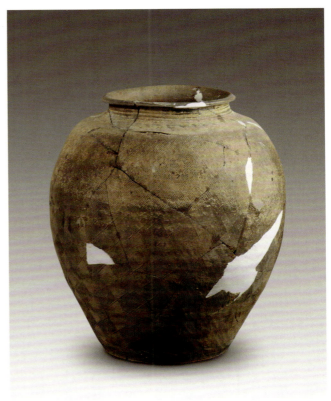

4．硬陶坛JNZD2M15：20-2

彩版四三　寨花头JNZD2M15出土器物

1. 硬陶罐JNZD2M15：15

2. 硬陶瓿JNZD2M15：1-2

3. 硬陶瓿JNZD2M15：2-2

4. 硬陶瓿JNZD2M15：3-2

5. 陶盆JNZD2M15：19-1

6. 陶盆JNZD2M15：24

彩版四四　寨花头JNZD2M15出土器物

1. 陶碗JNZD2M15：3-1

2. 原始瓷碗JNZD2M15：5

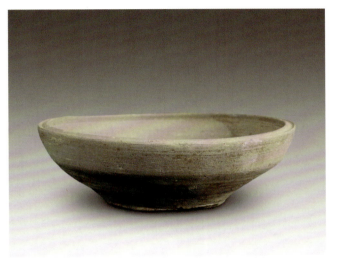

3. 原始瓷碗JNZD2M15：6

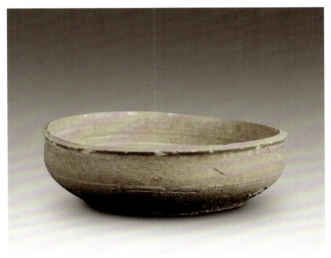

4. 原始瓷碗JNZD2M15：7

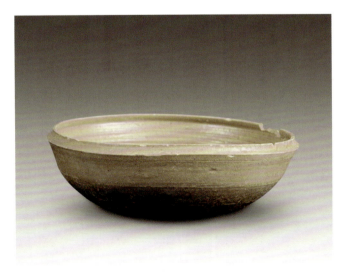

5. 原始瓷碗JNZD2M15：8

6. 原始瓷碗JNZD2M15：9

彩版四五　寨花头JNZD2M15出土器物

1．原始瓷碗JNZD2M15：10

2．陶碗JNZD2M15：14－1

3．陶碗JNZD2M15：21

4．原始瓷碗JNZD2M15：22

5．陶钵JNZD2M15：13－1

6．陶器盖JNZD2M15：11－1

彩版四六　寨花头JNZD2M15出土器物

1. 寨花头JNZD2M16

2. 陶鼎JNZD2M16：2-2

3. 陶鼎JNZD2M16：6-2

4. 硬陶坛JNZD2M16：10

彩版四七　寨花头JNZD2M16及出土器物

1. 硬陶坛JNZD2M16：12-2

2. 硬陶瓿JNZD2M16：1-2

3. 硬陶瓿JNZD2M16：3-2

4. 硬陶瓿JNZD2M16：4-2

5. 硬陶瓿JNZD2M16：8-2

彩版四八　寨花头JNZD2M16出土器物

1. 陶碗JNZD2M16：2-1

2. 陶碗JNZD2M16：4-1

3. 原始瓷碗JNZD2M16：7

4. 陶碗JNZD2M16：8-1

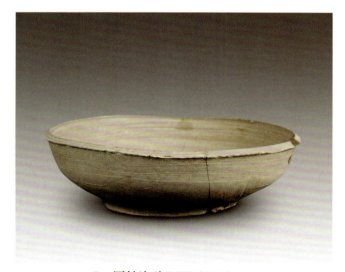

5. 原始瓷碗JNZD2M16：13

6. 原始瓷碗JNZD2M16：14

彩版四九　寨花头JNZD2M16出土器物

1. 原始瓷碗JNZD2M16：15

2. 原始瓷碗JNZD2M16：16

3. 原始瓷碗JNZD2M16：17

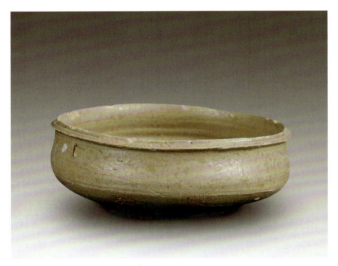

4. 原始瓷碗JNZD2M16：18

5. 原始瓷碗JNZD2M16：19

6. 陶钵JNZD2M16：12-1

彩版五〇　寨花头JNZD2M16出土器物

1．寨花头JNZD2M17

2．寨花头JNZD2M18

3．原始瓷碗JNZD2M18：3

4．陶纺轮JNZD2M18：4

彩版五一　寨花头JNZD2M17、M18及出土器物

1．寨花头JNZD2M19

2．陶鼎JNZD2M19：4

3．陶鼎JNZD2M19：9

4．陶鼎JNZD2M19：10

5．陶鼎JNZD2M19：14－2

彩版五二　寨花头JNZD2M19及出土器物

1. 硬陶坛JNZD2M19：15

2. 硬陶坛JNZD2M19：16

3. 硬陶坛JNZD2M19：17

4. 硬陶坛JNZD2M19：19

彩版五三　寨花头JNZD2M19出土器物

1．硬陶坛JNZD2M19∶20

3．硬陶瓿JNZD2M19∶3-2

4．硬陶罐JNZD2M19∶7

2．硬陶坛JNZD2M19∶26

5．硬陶罐JNZD2M19∶14-1

彩版五四　寨花头JNZD2M19出土器物

1. 硬陶罐JNZD2M19：28-2

2. 硬陶瓿JNZD2M19：2

3. 硬陶瓿JNZD2M19：29-2

4. 陶盆JNZD2M19：8

5. 陶盆JNZD2M19：31

6. 陶大口器JNZD2M19：12

彩版五五　寨花头JNZD2M19出土器物

1．原始瓷碗JNZD2M19：21

2．原始瓷碗JNZD2M19：22

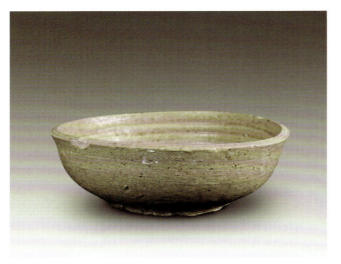

3．原始瓷碗JNZD2M19：23

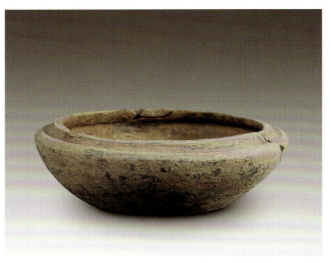

4．陶钵JNZD2M19：1

5．陶器盖JNZD2M19：11

6．陶器盖JNZD2M19：18

彩版五六　寨花头JNZD2M19出土器物

1．寨花头JNZD2M20

2．陶鼎JNZD2M20：9

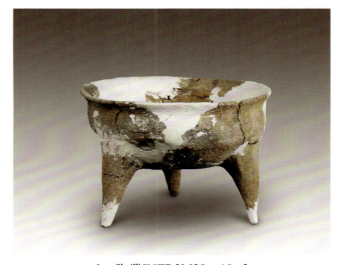

3．陶鼎JNZD2M20：10－2

4．陶鼎JNZD2M20：35

5．原始瓷罐JNZD2M20：7－2

彩版五七　寨花头JNZD2M20及出土器物

1．硬陶坛JNZD2M20：18

2．硬陶坛JNZD2M20：20

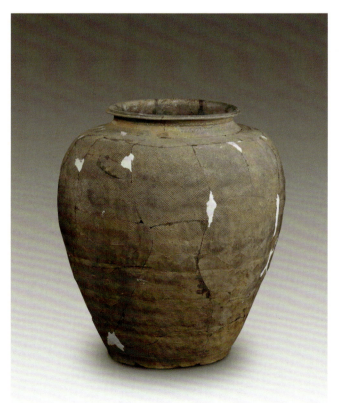

3．硬陶坛JNZD2M20：21－2

4．硬陶坛JNZD2M20：22

彩版五八　寨花头JNZD2M20出土器物

1．硬陶罐JNZD2M20：12-2

2．硬陶罐JNZD2M20：17-2

3．硬陶罐JNZD2M20：19

4．陶罐JNZD2M20：23-2

5．硬陶瓿JNZD2M20：2-1

6．硬陶瓿JNZD2M20：3-2

彩版五九　寨花头JNZD2M20出土器物

1．硬陶瓿JNZD2M20：4−2

2．硬陶瓿JNZD2M20：5−2

3．硬陶瓿JNZD2M20：11−2

4．陶盆JNZD2M20：8−1

5．陶盆JNZD2M20：8−2

6．陶碗JNZD2M20：5−1

彩版六〇　寨花头JNZD2M20出土器物

1．原始瓷碗JNZD2M20：13

2．原始瓷碗JNZD2M20：14

3．原始瓷碗JNZD2M20：15

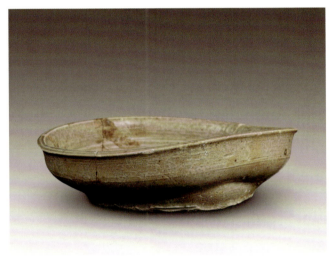

4．原始瓷碗JNZD2M20：16

5．原始瓷碗JNZD2M20：24

6．原始瓷碗JNZD2M20：25

彩版六一　寨花头JNZD2M20出土器物

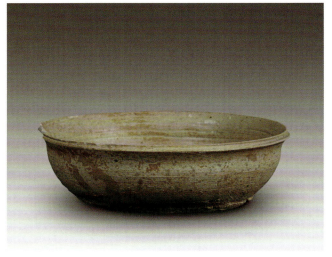

1. 原始瓷碗JNZD2M20：26

2. 原始瓷碗JNZD2M20：27

3. 原始瓷碗JNZD2M20：28

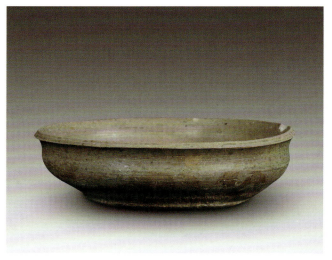

4. 原始瓷碗JNZD2M20：29

5. 原始瓷碗JNZD2M20：30

6. 陶钵JNZD2M20：2-2

彩版六二　寨花头JNZD2M20出土器物

1．陶钵JNZD2M20：3-1

2．陶钵JNZD2M20：4-1

3．陶钵JNZD2M20：34

4．陶器盖JNZD2M20：1

5．陶器盖JNZD2M20：6

6．陶器盖JNZD2M20：7-1

彩版六三　寨花头JNZD2M20出土器物

1. 陶器盖JNZD2M20：10-1

2. 陶器盖JNZD2M20：11-1

3. 陶器盖JNZD2M20：12-1

4. 陶器盖JNZD2M20：17-1

5. 陶纺轮JNZD2M20：32

6. 陶纺轮JNZD2M20：33

彩版六四　寨花头JNZD2M20出土器物

1. 寨花头JNZD2M21

2. 陶鼎JNZD2M21：2－2

3. 陶豆JNZD2M21：2－1

4. 硬陶罐JNZD2M21：1

彩版六五　寨花头JNZD2M21及出土器物

1．寨花头JNZD2M22

2．寨花头JNZD2M22

彩版六六　寨花头JNZD2M22

1．寨花头JNZD2M22

2．寨花头JNZD2M22

彩版六七　寨花头JNZD2M22

1．陶鼎JNZD2M22：24-2

2．陶鼎JNZD2M22：25-2

3．陶鼎JNZD2M22：27

4．硬陶坛JNZD2M22：16-2

5．硬陶坛JNZD2M22：17-2

彩版六八　寨花头JNZD2M22出土器物

1．硬陶坛JNZD2M22：18

3．硬陶坛JNZD2M22：22

4．陶罐JNZD2M22：10－2

2．硬陶坛JNZD2M22：21

5．硬陶罐JNZD2M22：15－2

彩版六九　寨花头JNZD2M22出土器物

1．原始瓷罐JNZD2M22：23-2

2．陶罐JNZD2M22：26-2

3．陶瓿JNZD2M22：9-2

4．硬陶瓿JNZD2M22：14-2

5．陶盆JNZD2M22：4

6．陶盆JNZD2M22：26-1

彩版七〇　寨花头JNZD2M22出土器物

1．原始瓷碗JNZD2M22：1

2．原始瓷碗JNZD2M22：2

3．原始瓷碗JNZD2M22：3

4．原始瓷碗JNZD2M22：5

5．原始瓷碗JNZD2M22：6

6．原始瓷碗JNZD2M22：11

彩版七一　寨花头JNZD2M22出土器物

1．原始瓷碗JNZD2M22：12

2．原始瓷碗JNZD2M22：19

3．硬陶碗JNZD2M22：20

4．陶器盖JNZD2M22：14－1

5．陶器盖JNZD2M22：24－1

6．陶器盖JNZD2M22：25－1

彩版七二　寨花头JNZD2M22出土器物

1．寨花头JNZD2M23

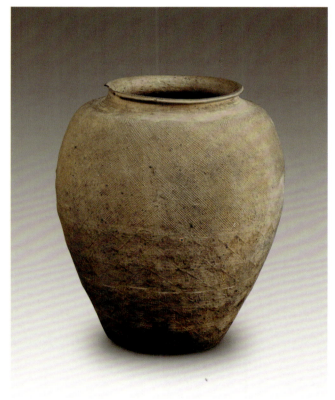

2．陶鼎JNZD2M23：15

3．陶鼎JNZD2M23：22-2

4．硬陶坛JNZD2M23：1

彩版七三　寨花头JNZD2M23及出土器物

1. 硬陶坛JNZD2M23：2

2. 硬陶坛JNZD2M23：3

3. 硬陶坛JNZD2M23：10-2

4. 硬陶坛JNZD2M23：13-2

彩版七四　寨花头JNZD2M23出土器物

1. 陶罐JNZD2M23：14-2

2. 硬陶瓿JNZD2M23：12-2

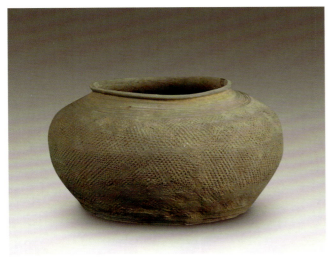

3. 硬陶瓿JNZD2M23：19-2

4. 硬陶瓿JNZD2M23：20-2

5. 硬陶瓿JNZD2M23：20-2内装的家禽蛋

6. 硬陶瓿JNZD2M23：20-2内装的家禽蛋

彩版七五　寨花头JNZD2M23出土器物

1．陶盆JNZD2M23：12－1

2．陶盆JNZD2M23：17－1

3．陶盆JNZD2M23：17－2

4．陶盆JNZD2M23：18－1

5．原始瓷碗JNZD2M23：4

6．原始瓷碗JNZD2M23：5

彩版七六　寨花头JNZD2M23出土器物

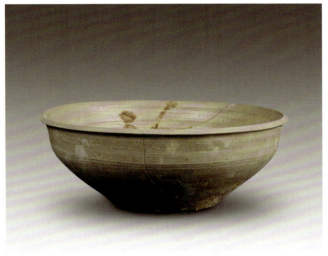

1．原始瓷碗JNZD2M23：6

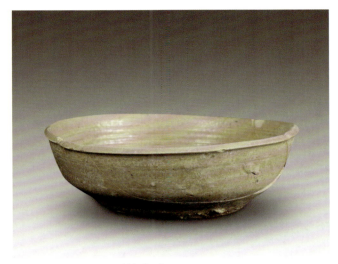

2．原始瓷碗JNZD2M23：7

3．原始瓷碗JNZD2M23：8

4．原始瓷碗JNZD2M23：9

5．原始瓷碗JNZD2M23：16

6．陶碗JNZD2M23：19－1

彩版七七　　寨花头JNZD2M23出土器物

1. 陶碗JNZD2M23：20-1

2. 陶碗JNZD2M23：21-1

3. 陶器盖JNZD2M23：11-1

4. 陶器盖JNZD2M23：14-1

5. 陶器盖JNZD2M23：22-1

彩版七八　寨花头JNZD2M23出土器物

1．陶鼎JNZD2M24：4

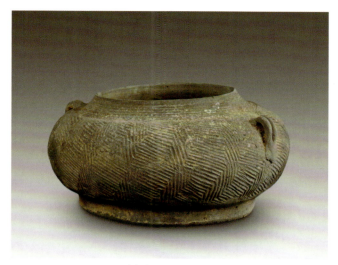

2．硬陶瓿JNZD2M24：5

3．原始瓷豆JNZD2M24：1

4．原始瓷豆JNZD2M24：2

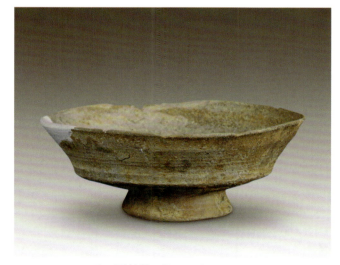

5．原始瓷豆JNZD2M24：3

彩版七九　寨花头JNZD2M24出土器物

1. 寨花头JNZD2M25

2. 硬陶罐JNZD2M25：3

3. 硬陶瓿JNZD2M25：2

4. 原始瓷碗JNZD2M25：1

彩版八〇　寨花头JNZD2M25及出土器物

1. 寨花头JNZD2M26

3. 原始瓷盅JNZD2M26：1

4. 原始瓷盆JNZD2M26：2

2. 陶罐JNZD2M26：3-2

5. 陶钵JNZD2M26：3-1

彩版八一　寨花头JNZD2M26及出土器物

1. 寨花头JNZD2M27

2. 陶鼎JNZD2M27：1-2

4. 陶罐JNZD2M27：2-2

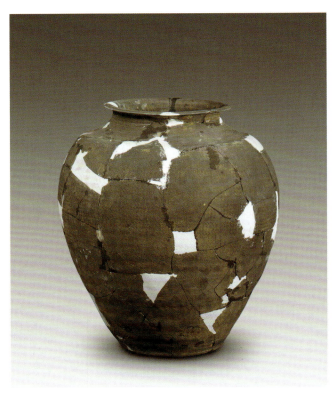

3. 硬陶坛JNZD2M27：5-2

5. 陶罐JNZD2M27：3-2

彩版八二 寨花头JNZD2M27及出土器物

1．陶盆JNZD2M27：5-1

2．原始瓷碗JNZD2M27：6

3．陶器盖JNZD2M27：1-1

4．陶纺轮JNZD2M27：7

5．寨花头JNZD2Q1

6．陶碗JNZD2Q1：1

彩版八三　寨花头JNZD2M27与Q1及出土器物

1. 寨花头JNZD2Q2

2. 硬陶瓿JNZD2Q2：3

3. 陶器盖JNZD2Q2：2

4. 陶器盖JNZD2Q2：5

彩版八四　寨花头JNZD2Q2及出土器物

1．寨花头JNZD2F1

2．寨花头JNZD2H1

彩版八五　寨花头JNZD2F1与H1

1. 寨花头JNZD2H2

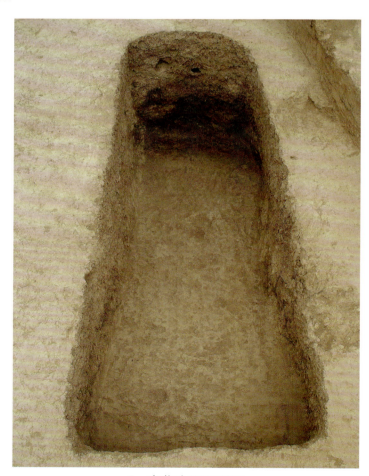

2. 寨花头JNZD2H3

彩版八六　寨花头JNZD2H2与H3

1. 寨花头土墩墓JNZD3发掘前原貌

2. 寨花头JNZD3M1

彩版八七　寨花头土墩墓D3

1. 陶鼎JNZD3M1：6

2. 硬陶坛JNZD3M1：4

4. 硬陶瓿JNZD3M1：1

5. 陶豆JNZD3M1：7

3. 硬陶坛JNZD3M1：8

彩版八八　寨花头JNZD3M1出土器物

1．寨花头JNZD3M2

2．硬陶坛JNZD3M2：1

4．硬陶罐JNZD3M2：5

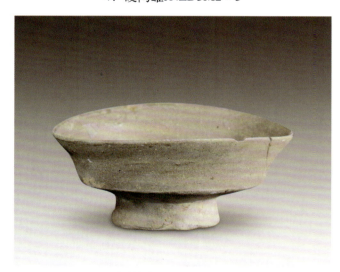

5．原始瓷豆JNZD3M2：6

3．硬陶坛JNZD3M2：3

彩版八九　寨花头JNZD3M2及出土器物

1．寨花头JNZD3M3

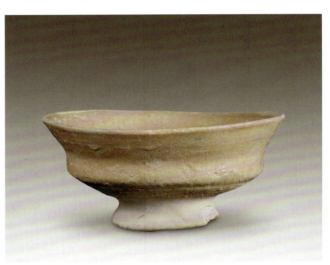

3．原始瓷豆JNZD3M3：2

2．硬陶坛JNZD3M3：5

4．原始瓷豆JNZD3M3：3

彩版九○　寨花头JNZD3M3及出土器物

1．寨花头JNZD3M4

2．寨花头JNZD3M5

彩版九一　寨花头JNZD3M4、M5

1．陶瓿JNZD3M5∶6

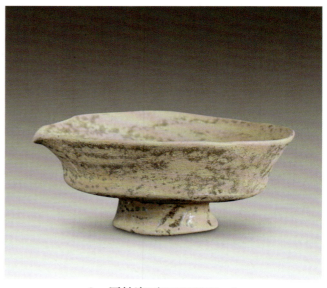

2．原始瓷豆JNZD3M5∶1

3．原始瓷豆JNZD3M5∶2

4．原始瓷豆JNZD3M5∶3

彩版九二　寨花头JNZD3M5出土器物

1. 寨花头JNZD3Q1

2. 硬陶坛JNZD3Q1：1

3. 寨花头JNZD3Q2

4. 硬陶罐JNZD3Q2：1-2

彩版九三　寨花头JNZD3Q1、Q2及出土器物

1．寨花头JNZD4原貌

2．寨花头JNZD4M1

彩版九四　寨花头JNZD4

1．硬陶坛JNZD4M1∶18

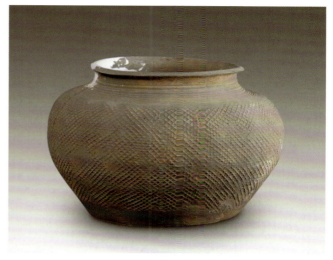

3．硬陶瓿JNZD4M1∶5

4．硬陶瓿JNZD4M1∶8

2．硬陶瓿JNZD4M1∶2

5．陶盆JNZD4M1∶14-1

彩版九五　寨花头JNZD4M1出土器物

1. 原始瓷碗JNZD4M1：3

2. 原始瓷碗JNZD4M1：6

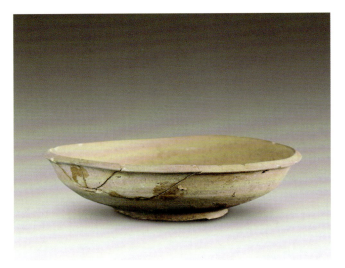

3. 原始瓷碗JNZD4M1：10

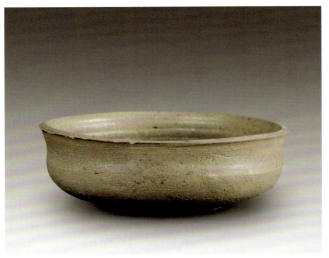

4. 原始瓷碗JNZD4M1：11

5. 陶钵JNZD4M1：9

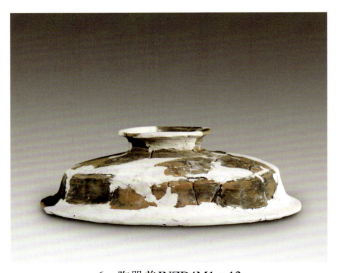

6. 陶器盖JNZD4M1：12

彩版九六　寨花头JNZD4M1出土器物

1. 寨花头JNZD4M2

2. 陶鼎JNZD-M2：13

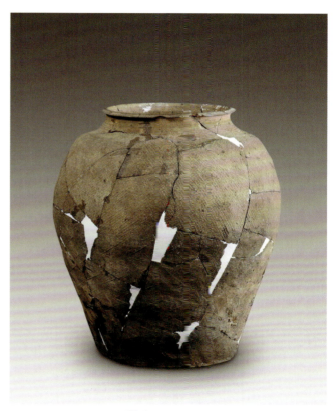

3. 硬陶坛JNZD4M2：16

彩版九七　寨花头JNZD4M2及出土器物

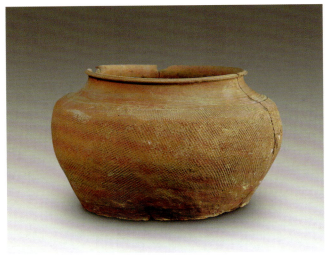

1．硬陶瓿JNZD4M2：1

2．硬陶瓿JNZD4M2：7

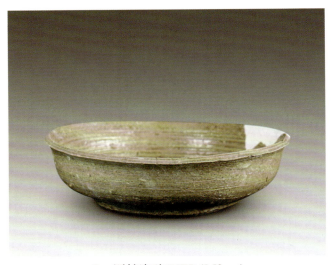

3．原始瓷碗JNZD4M2：4

4．原始瓷碗JNZD4M2：5

5．原始瓷碗JNZD4M2：6

6．陶盆JNZD4M2：14

彩版九八　寨花头JNZD4M2出土器物

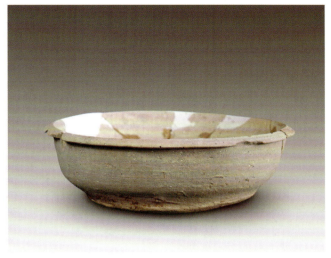

1．原始瓷碗JNZD4M2：18

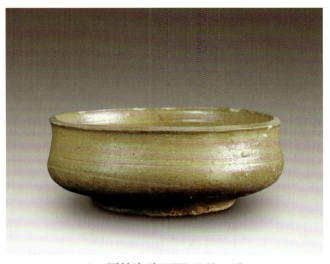

2．原始瓷碗JNZD4M2：19

3．陶钵JNZD4M2：10

4．陶钵JNZD4M2：20

5．陶器盖JNZD4M2：12

6．陶纺轮JNZD4M2：17

彩版九九　寨花头JNZD4M2出土器物

1．寨花头JNZD4M3

2．硬陶坛JNZD4M3：6

3．硬陶罐JNZD4M3：7

彩版一〇〇　寨花头JNZD4M3及出土器物

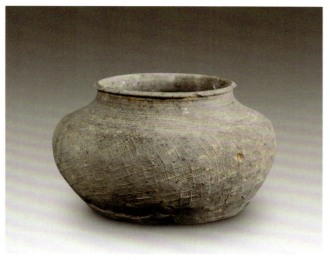

1．硬陶瓿JNZD4M3：1-1

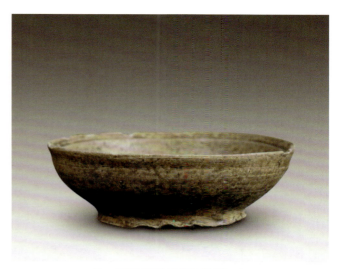

2．原始瓷碗JNZD4M3：3

3．原始瓷碗JNZD4M3：9

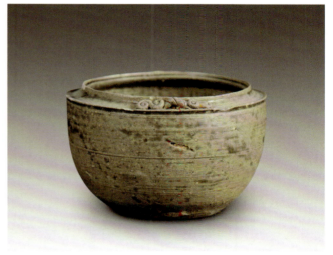

4．原始瓷钵JNZD4M3：2

5．陶器盖JNZD4M3：4-2

彩版一〇一　寨花头JNZD4M3出土器物

1. 寨花头JNZD4M5

2. 硬陶坛JNZD4M5：1

3. 原始瓷碗JNZD4M5：3

4. 硬陶罐JNZD4M5：6-1

彩版一○二　寨花头JNZD4M5及出土器物

1．硬陶坛JNZD4M5：5

3．原始瓷碗JNZD4M5：6-2

2．原始瓷碗JNZD4M5：2

4．原始瓷碗JNZD4M5：8

彩版一〇三　寨花头JNZD4M5出土器物

1. 寨花头JNZD4M6

2. 陶罐JNZD4M6：1

3. 陶碗JNZD4M6：5

4. 陶碗JNZD4M6：6

彩版一〇四　寨花头JNZD4M6及出土器物

1．寨花头JNZD4M7

3．硬陶坛JNZD4M7：9

2．硬陶罐JNZD4M7：2

4．硬陶坛JNZD4M7：10

彩版一〇五　寨花头JNZD4M7及出土器物

1．硬陶坛JNZD4M7：11

2．硬陶坛JNZD4M7：12

3．硬陶罐JNZD4M7：5

4．陶盆JNZD4M7：3

5．原始瓷碗JNZD4M7：1

彩版一〇六　寨花头JNZD4M7出土器物

1. 原始瓷碗JNZD4M7：4

2. 原始瓷碗JNZD4M7：13

3. 原始瓷碗JNZD4M7：14

4. 原始瓷碗JNZD4M7：15

5. 陶钵JNZD4M7：16

6. 陶器盖JNZD4M7：17

彩版一〇七　寨花头JNZD4M7出土器物

1. 寨花头JNZD4M8

2. 硬陶坛JNZD4M8：1

4. 硬陶瓿JNZD4M8：10

3. 硬陶坛JNZD4M8：3

彩版一〇八　寨花头JNZD4M8及出土器物

1. 硬陶坛JNZD4M8：9

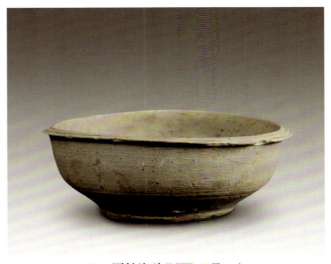

2. 原始瓷碗JNZD4M8：4

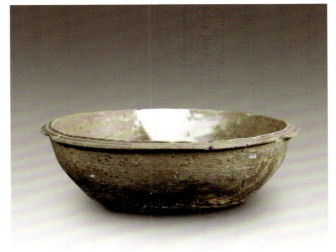

3. 原始瓷碗JNZD4M8：5

4. 原始瓷碗JNZD4M8：6

5. 陶钵JNZD4M8：7

彩版一〇九　寨花头JNZD4M8出土器物

1. 寨花头JNZD4M9

2. 硬陶坛JNZD4M9：9

3. 硬陶罐JNZD4M9：2

彩版一一〇　寨花头JNZD4M9及出土器物

1. 寨花头JNZD4M10

3. 陶鼎JNZD4M10：9

2. 陶鼎JNZD4M10：3

4. 硬陶坛JNZD4M10：11

彩版一一一　寨花头JNZD4M10及出土器物

1．硬陶罐JNZD4M10：2

3．硬陶碗JNZD4M10：4

4．原始瓷碗JNZD4M10：5

2．原始瓷豆JNZD4M10：6

5．陶器盖JNZD4M10：1

彩版一一二　寨花头JNZD4M10出土器物

1. 寨花头JNZD4M11

2. 寨花头JNZD4M11牙齿出土情况

3. 陶鼎JNZD4M11：2-2

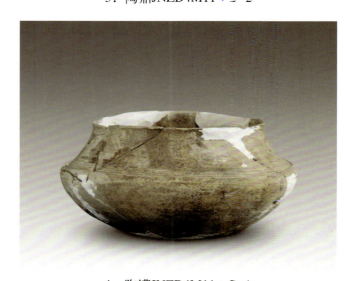

4. 陶罐JNZD4M11：2-1

彩版一一三　寨花头JNZD4M11及出土器物

1．硬陶坛JNZD4M11：12

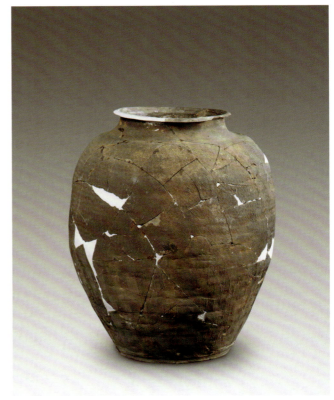

2．硬陶坛JNZD4M11：15

3．硬陶坛JNZD4M11：16-2

4．硬陶坛JNZD4M11：17

彩版一一四　寨花头JNZD4M11出土器物

1. 陶盆JNZD4M11：8

2. 陶盆JNZD4M11：18

3. 陶大口器JNZD4M11：11

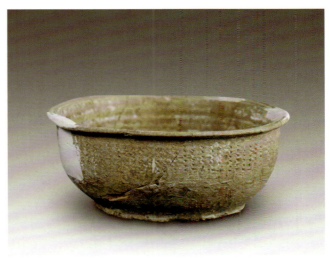

4. 原始瓷碗JNZD4M11：5

5. 陶器盖JNZD4M11：14

6. 陶器盖JNZD4M11：4

彩版一一五　寨花头JNZD4M11出土器物

1．寨花头JNZD4M12

2．陶鼎JNZD4M12：2

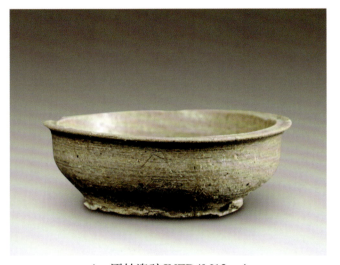

4．原始瓷碗JNZD4M12：4

3．硬陶坛JNZD4M12：3

5．原始瓷碗JNZD4M12：5

彩版一一六　寨花头JNZD4M12及出土器物

1. 寨花头JNZD4M13

2. 陶鼎JNZD4M13：7

3. 硬陶瓿JNZD4M13：4

4. 硬陶瓿JNZD4M13：5

5. 陶盆JNZD4M13：1

彩版一一七　寨花头JNZD4M13及出土器物

1．寨花头JNZD4M14

2．陶鼎JNZD4M14：1

3．陶鼎JNZD4M14：10

4．硬陶罐JNZD4M14：4

5．硬陶罐JNZD4M14：5—2

彩版一一八　寨花头JNZD4M14及出土器物

1．硬陶坛JNZD4M14：17-2

2．硬陶坛JNZD4M14：18

3．硬陶坛JNZD4M14：19

4．硬陶坛JNZD4M14：20

彩版一一九　寨花头JNZD4M14出土器物

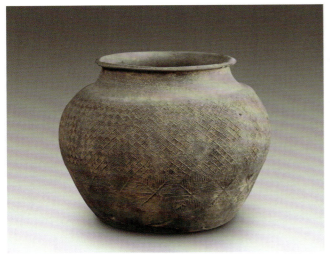

1．硬陶罐JNZD4M14：6-2

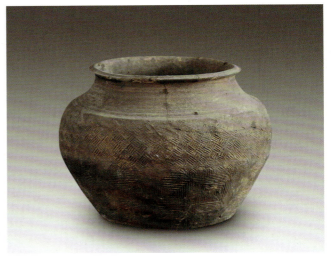

2．硬陶罐JNZD4M14：8-2

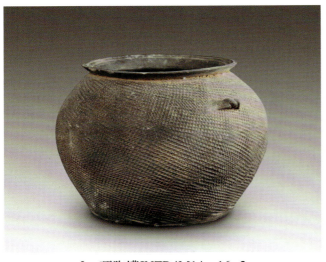

3．硬陶罐JNZD4M14：16-2

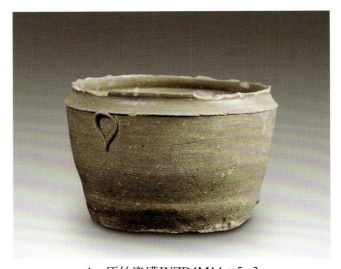

4．原始瓷罐JNZD4M14：5-3

5．硬陶瓿JNZD4M14：7-2

6．陶盆JNZD4M14：2

彩版一二〇　寨花头JNZD4M14出土器物

1. 陶盆JNZD4M14：5-1

2. 陶盆JNZD4M14：6-1

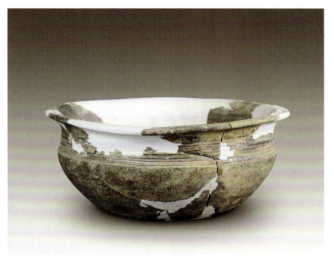

3. 陶盆JNZD4M14：7-1

4. 陶盆JNZD4M14：8-1

5. 陶盆JNZD4M14：9

6. 陶盆JNZD4M14：16-1

彩版一二一　寨花头JNZD4M14出土器物

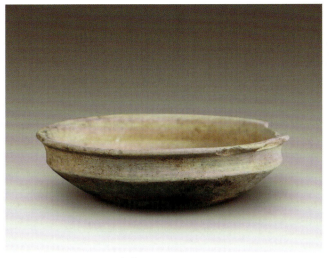

1．陶盆JNZD4M14：25

2．原始瓷碗JNZD4M14：3

3．原始瓷碗JNZD4M14：11

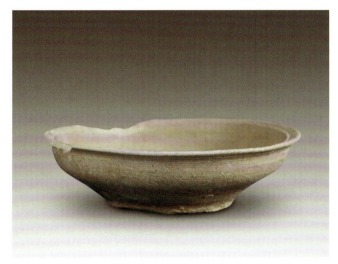

4．原始瓷碗JNZD4M14：12

5．原始瓷碗JNZD4M14：13

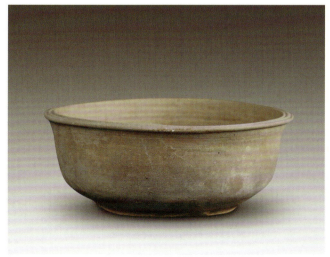

6．原始瓷碗JNZD4M14：14

彩版一二二　寨花头JNZD4M14出土器物

1．原始瓷碗JNZD4M14：15

2．原始瓷碗JNZD4M14：21

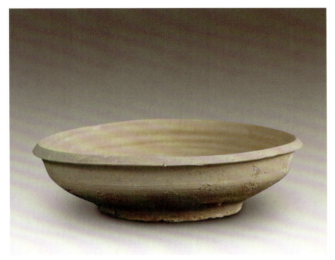

3．原始瓷碗JNZD4M14：22

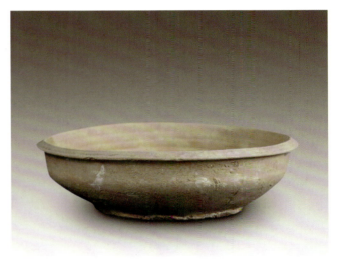

4．原始瓷碗JNZD4M14：23

5．陶器盖JNZD4M14：17-1

6．陶器盖JNZD4M14：24

彩版一二三　寨花头JNZD4M14出土器物

1．陶瓿JNZD4M15：2-1

2．硬陶瓿JNZD4M15：2-2

3．硬陶瓿JNZD4M15：4-2

4．原始瓷豆JNZD4M15：1

5．原始瓷碗JNZD4M15：5

6．原始瓷碗JNZD4M15：7

彩版一二四　寨花头JNZD4M15出土器物

1. 寨花头JNZD4M16

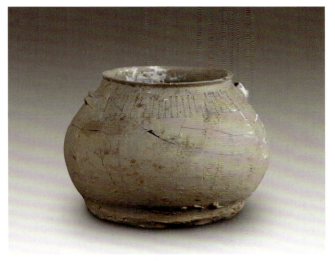

2. 原始瓷罐JNZD4M16：2

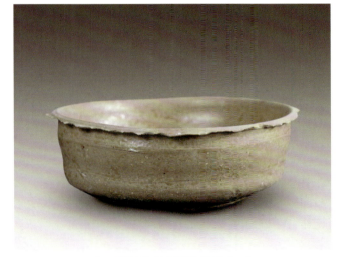

3. 原始瓷碗JNZD4M16：1

4. 原始瓷碗JNZD4M16：3

5. 陶纺轮JNZD4M16：4

彩版一二五　寨花头JNZD4M16及出土器物

1. 寨花头JNZD4M17

3. 寨花头JNZD4M18

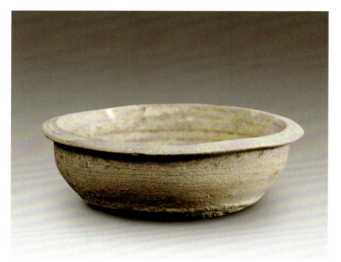

2. 原始瓷碗JNZD4M17：1

4. 陶鼎JNZD4M18：2—2

彩版一二六　寨花头JNZD4M17、M18及出土器物

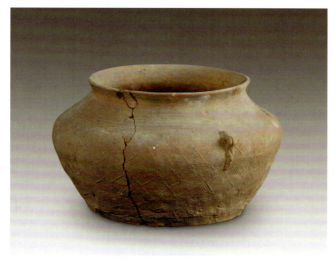

1．硬陶瓿JNZD4M18：3-2

2．原始瓷碗JNZD4M18：5

3．原始瓷钵JNZD4M18：4

4．陶器盖JNZD4M18：1

5．陶器盖JNZD4M18：2-1

6．陶器盖JNZD4M18：3-1

彩版一二七　寨花头JNZD4M18出土器物

1. 寨花头JNZD4M19

2. 陶鼎JNZD4M19：1

3. 陶罐JNZD4M19：2

4. 硬陶罐JNZD4M19：3—2

彩版一二八　寨花头JNZD4M19及出土器物

1．寨花头JNZD4M20

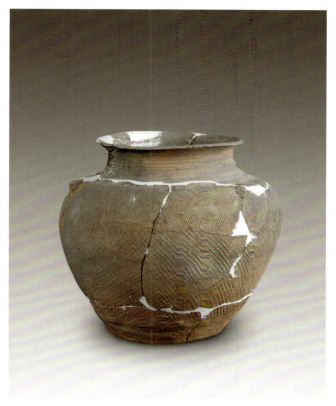

2．硬陶罐JNZD4M20：1-1

3．原始瓷罐JNZD4M20：7

彩版一二九　寨花头JNZD4M20及出土器物

1. 硬陶瓿JNZD4M20：2-2

2. 硬陶瓿JNZD4M20：5-2

3. 硬陶瓿JNZD4M20：6

4. 原始瓷豆JNZD4M20：2-1

5. 原始瓷碗JNZD4M20：5-1

彩版一三〇　寨花头JNZD4M20出土器物

1. 寨花头JNZD4M21

2. 寨花头JNZD4M21牙齿出土情况

彩版一三一　寨花头JNZD4M21

1．陶鼎JNZD4M21：1

2．陶鼎JNZD4M21：2

3．陶鼎JNZD4M21：4

4．陶鼎JNZD4M21：17、18－2

5．硬陶罐JNZD4M21：3－2

6．硬陶罐JNZD4M21：12－2

彩版一三二　寨花头JNZD4M21出土器物

1．硬陶坛JNZD4M21：14-2

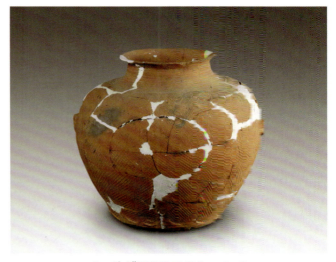

3．陶罐JNZD4M21：3-2

4．硬陶瓿JNZD4M21 11-2

2．硬陶坛JNZD4M21：15-2

5．硬陶瓿JNZD4M2 ：16-2

彩版一三三　寨花头JNZD4M21出土器物

1．原始瓷豆JNZD4M21：6

2．原始瓷豆JNZD4M21：7

3．硬陶盉JNZD4M21：8

4．陶器盖JNZD4M21：11-1

5．陶器盖JNZD4M21：18-1

6．玉玦JNZD4M21：19

彩版一三四　寨花头JNZD4M21出土器物

1．寨花头JNZD4Q1

2．寨花头JNZD4Q2

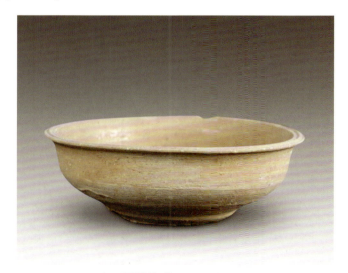

3．原始瓷碗JNZD4Q2∶

彩版一三五　寨花头JNZD4Q1、Q2及出土器物

1. 寨花头JNZD4Q3

3. 硬陶坛JNZD4Q4：2

2. 寨花头JNZD4Q4

4. 陶罐JNZD4Q4：1

彩版一三六　寨花头JNZD4Q3、Q4及出土器物

1．寨花头JNZD4Q5

2．原始瓷豆JNZD4Q5：1

3．寨花头JNZD4Q6

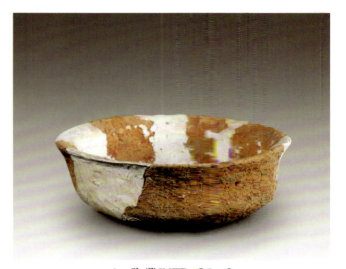

4．陶鼎JNZD4Q6：2

5．陶罐JNZD4Q5：1

彩版一三七　寨花头JNZD4Q5、Q6及出土器物

1．寨花头JNZD4Q7

2．硬陶坛JNZD4Q7：2

3．原始瓷碗JNZD4Q7：5

4．原始瓷碗JNZD4Q7：6

5．寨花头JNZD4Q8

彩版一三八　寨花头JNZD4Q7、Q8及出土器物

1．寨花头JNZD4H1

2．寨花头JNZD4H2

3．寨花头JNZD4H3

彩版一三九　寨花头JNZD4H1～H3

1. 寨花头JNZD5发掘前原貌

2. 寨花头JNZD5M1

彩版一四〇　寨花头JNZD5

1．陶鼎JNZD5M1：9

3．原始瓷罐JNZD5M1：11

4．原始瓷豆JNZD5M1：5

2．硬陶坛JNZD5M1：1

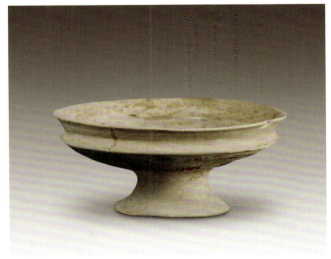

5．原始瓷豆JNZD5M1：7

彩版一四一　寨花头JNZD5M1出土器物

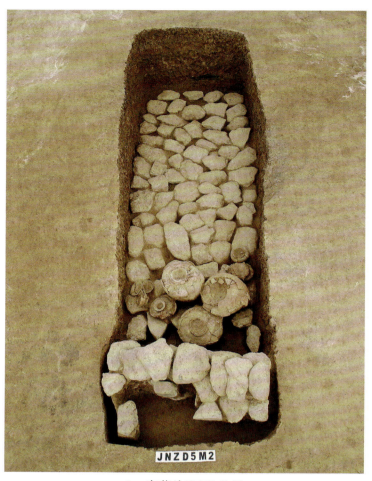

1．寨花头JNZD5M2

2．寨花头JNZD5M2

彩版一四二　寨花头JNZD5M2

1．寨花头JNZD5M2

2．寨花头JNZD5M2内的骨渣

彩版一四三　寨花头JNZD5M2

1. 陶鼎JNZD5M2：3

2. 陶鼎JNZD5M2：8-1

3. 陶罐JNZD5M2：10

4. 硬陶坛JNZD5M2：4-1

5. 硬陶坛JNZD5M2：7

彩版一四四　寨花头JNZD5M2出土器物

1．硬陶瓿JNZD5M2：1

2．硬陶瓿JNZD5M2：2

3．原始瓷豆JNZD5M2：5

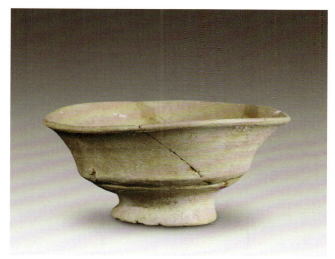

4．原始瓷豆JNZD5M2：6

5．硬陶豆JNZD5M2：9

彩版一四五　寨花头JNZD5M2出土器物

1．寨花头JNZD5M3

2．硬陶坛JNZD5M3：5

3．硬陶坛JNZD5M3：6

彩版一四六　寨花头JNZD5M3

1. 寨花头JNZD5M3局部

2. 寨花头JNZD5M3局部

彩版一四七　寨花头JNZD5M3

1．陶鼎JNZD5M3：8

2．硬陶瓿JNZD5M3：1

3．原始瓷豆JNZD5M3：2

4．原始瓷豆JNZD5M3：4

5．陶钵JNZD5M3：3

6．陶器盖JNZD5M3：7

彩版一四八　寨花头JNZD5M3出土器物

1. 寨花头JNZD5M4

2. 陶鼎JNZD5M4：2

3. 硬陶坛JNZD5M4：7

彩版一四九　寨花头JNZD5M4及出土器物

1．陶罐JNZD5M4：8

2．原始瓷豆JNZD5M4：3

3．原始瓷豆JNZD5M4：4

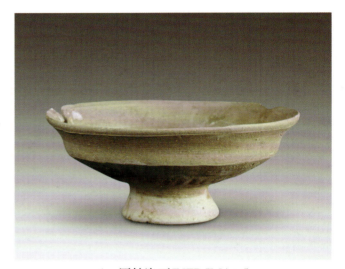

4．原始瓷豆JNZD5M4：5

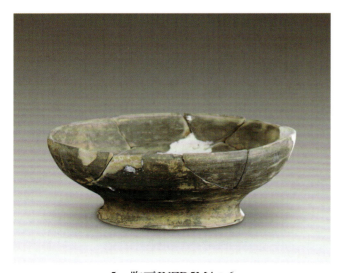

5．陶豆JNZD5M4：6

彩版一五〇　寨花头JNZD5M4出土器物

1. 寨花头JNZD5M5

3. 硬陶坛JNZD5M5：13

2. 陶鼎JNZD5M5：9

4. 硬陶罐JNZD5M5：2

彩版一五一　寨花头JNZD5M5及出土器物

1．硬陶罐JNZD5M5：11

2．陶盆JNZD5M5：10

3．原始瓷豆JNZD5M5：1

4．原始瓷豆JNZD5M5：4

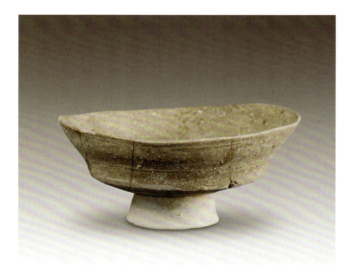

5．原始瓷豆JNZD5M5：6

6．陶豆JNZD5M5：5

彩版一五二　寨花头JNZD5M5出土器物

1. 寨花头JNZD5M6

2. 寨花头JNZD5M6

彩版一五三　　寨花头JNZD5M6

1．陶鼎JNZD5M6：3

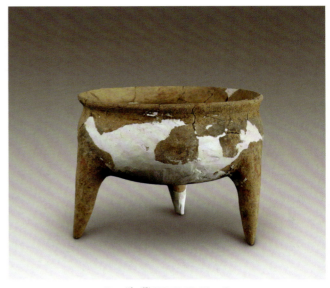

2．陶鼎JNZD5M6：8

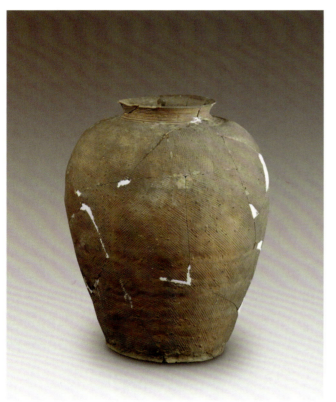

3．硬陶坛JNZD5M6：14

4．硬陶坛JNZD5M6：15

彩版一五四　寨花头JNZD5M6出土器物

1．硬陶罐JNZD5M6：13

2．陶罐JNZD5M6：1

3．陶罐JNZD5M6：12

4．硬陶瓿JNZD5M6：4

彩版一五五　寨花头JNZD5M6出土器物

1．硬陶瓿JNZD5M6：6

2．原始瓷豆JNZD5M6：9

3．原始瓷豆JNZD5M6：10

4．原始瓷豆JNZD5M6：11

5．陶盆JNZD5M6：2

6．陶钵JNZD5M6：5

彩版一五六　寨花头JNZD5M6出土器物

1. 寨花头JNZD5M7

2. 陶鼎JNZD5M7：3

3. 陶鼎JNZD5M7：8-1

4. 陶坛JNZD5M7：1

彩版一五七　寨花头JNZD5M7及出土器物

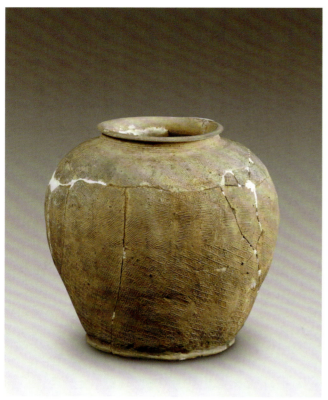

1．硬陶坛JNZD5M7：4

2．原始瓷豆JNZD5M7：5

4．陶钵JNZD5M7：2

3．原始瓷豆JNZD5M7：6

5．硬陶盂JNZD5M7：7

彩版一五八　寨花头JNZD5M7出土器物

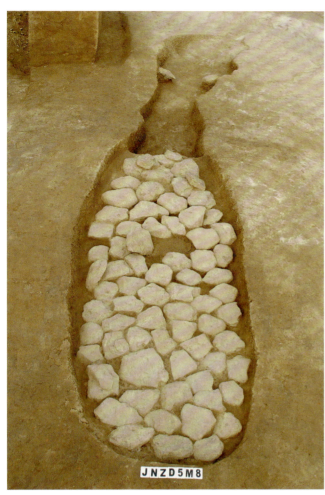

1. 寨花头JNZD5M8

2. 寨花头JNZD5M8

彩版一五九　寨花头JNZD5M8

1．陶鼎JNZD5M8盗：9

3．硬陶瓿JNZD5M8盗：3

4．原始瓷豆JNZD5M8盗：4

2．硬陶坛JNZD5M8盗：1

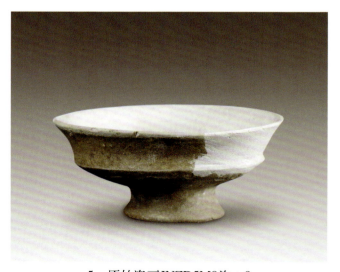

5．原始瓷豆JNZD5M8盗：8

彩版一六〇　寨花头JNZD5M8出土器物

1. 寨花头JNZD5Q1

2. 陶罐JNZD5Q1：1

3. 陶豆JNZD5Q1：2—1

彩版一六一 寨花头JNZD5Q1及出土器物

1. 寨花头JNZD5F1

2. 寨花头JNZD5F1

彩版一六二　寨花头JNZD5F1

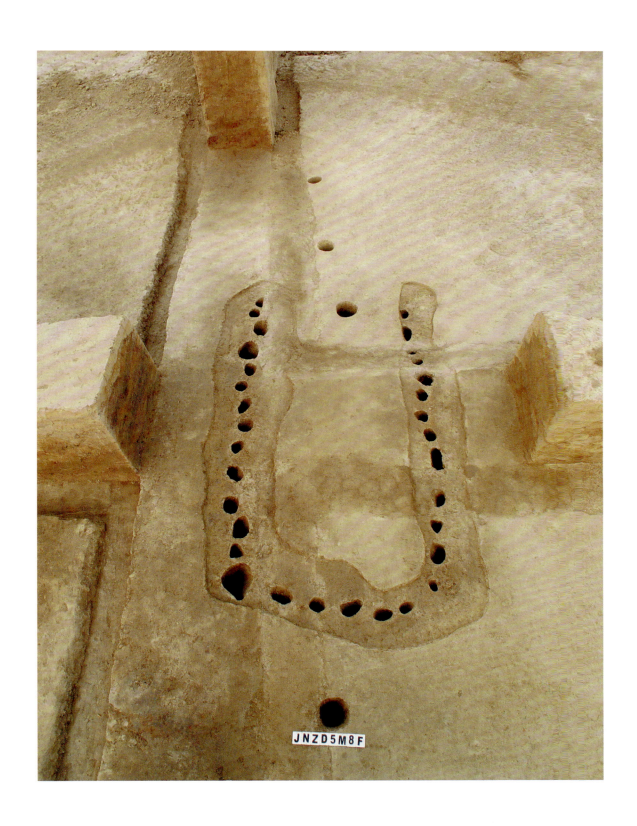

JNZD5M8F

彩版一六三　寨花头JNZD5F1

1．寨花头JNZD6M1

2．寨花头JNZD6M1

彩版一六四　寨花头JNZD6M1

1．陶鼎JNZD6M1：6

2．陶鬲JNZD6M1：5

3．硬陶坛JNZD6M1：4

4．原始瓷豆JNZD6M1：7

5．灯形器JNZD6M1：8

6．圈足盘JNZD6M1：9

彩版一六五　寨花头JNZD6M1出土器物

1. 陶罐JNZD6②b：5

2. 陶器盖JNZD6②b：1

3. 硬陶盆JNZD6③：1

4. 陶盆JNZD6③：2

5. 陶甗裆JNZD6③：5

6. 穿孔石斧JNZD6③：6

彩版一六六　寨花头JNZD6地层出土器物

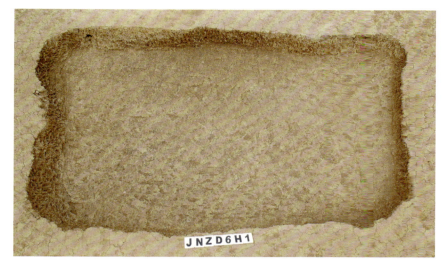

1. 寨花头JNZD6H1

2. 陶鼎JNZD6H1：1

3. 陶豆JNZD6H1：2

4. 硬陶罐JNZD6H1：2

5. 陶尊JNZD6H1：14

彩版一六七　寨花头JNZD6H1及出土器物

1．周岗JZD1

2．周岗JZD1

彩版一六八　周岗JZD1

1．周岗JZD1Q1

2．硬陶罐JZD1Q1：3

3．硬陶瓿JZD1Q1：4

4．原始瓷碗JZD1Q1：1

5．周岗JZD1Q3

彩版一六九　周岗JZD1Q1、Q3及出土器物

1．周岗JZD1Q2

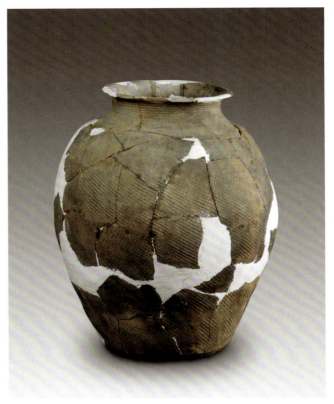

2．硬陶坛JZD1Q2：2

3．硬陶坛JZD1Q2：6-2

4．硬陶坛JZD1Q2：8

彩版一七〇　周岗JZD1Q2及出土器物

1. 硬陶罐JZD1Q2：1

2. 硬陶罐JZD1Q2：3-2

3. 原始瓷罐JZD1Q2：4

4. 硬陶罐JZD1Q2：5

5. 陶盆JZD1Q2：3-1

彩版一七一　　周岗JZD1Q2出土器物

1．周岗JZD1Q4

3．硬陶罐JZD1Q4∶4

2．硬陶罐JZD1Q4∶1

4．原始瓷豆JZD1Q4∶3

彩版一七二　周岗JZD1Q4及出土器物

1．硬陶坛JZD1Q5：7

2．陶罐JZD1Q5：6

3．硬陶瓿JZD1Q5：1

4．硬陶瓿JZD1Q5：2

5．陶盆JZD1Q5：5

彩版一七三　周岗JZD1Q5出土器物

1．周岗JZD1Q6

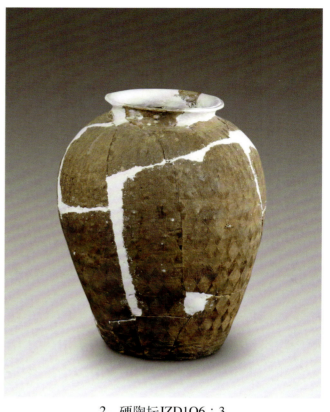

2．硬陶坛JZD1Q6：3

4．陶盆JZD1Q6：2

5．原始瓷碗JZD1Q6：1

3．硬陶坛JZD1Q6：6

彩版一七四　周岗JZD1Q6及出土器物

1. 周岗JZD1Q7

2. 硬陶坛JZD1Q7：1

3. 硬陶坛JZD1Q7：5

4. 硬陶坛JZD1Q7：6

彩版一七五　周岗JZD1Q7及出土器物

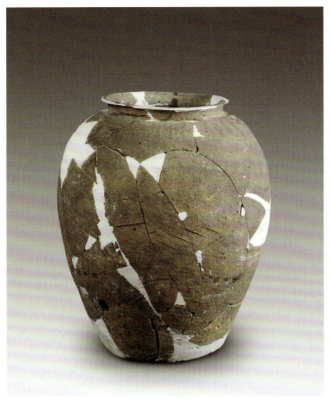

1．硬陶坛JZD1Q7：7

3．硬陶罐JZD1Q7：3-2

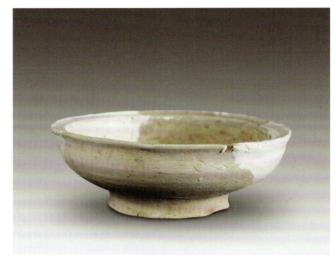

4．原始瓷碗JZD1Q7：4

2．硬陶罐JZD1Q7：2

5．陶器盖JZD1Q7：3-1

彩版一七六　周岗JZD1Q7出土器物

1．周岗JZD1Q8

4．周岗JZD1Q9

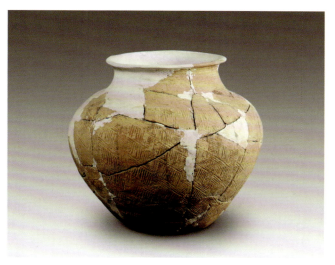

2．陶罐JZD1Q8：1

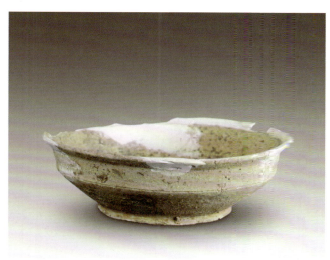

5．原始瓷碗JZD1Q9：2

3．硬陶罐JZD1Q9：1

6．原始瓷盂JZD1Q9：3

彩版一七七　周岗JZD1Q8、Q9及出土器物

1．周岗JZD1Q10

2．原始瓷豆JZD1Q10：2-1

3．硬陶坛JZD1Q10：1

4．硬陶坛JZD1Q10：2-2

彩版一七八　周岗JZD1Q10及出土器物

1. 周岗JZD1Q11

2. 周岗JZD1Q11

3. 陶罐JZD1Q11∶2

4. 周岗JZD1Q12

5. 陶盆JZD1Q12∶2

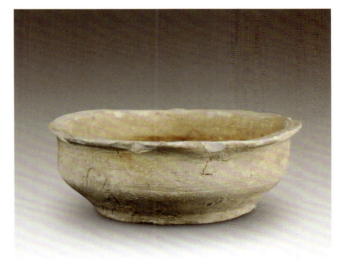

6. 原始瓷碗JZD1Q12∶1

彩版一七九　周岗JZD1Q11、Q12及出土器物

1．周岗JZD1Q13

4．周岗JZD1Q14

2．原始瓷碗JZD1Q13：4

3．原始瓷碗JZD1Q14：1

5．硬陶坛JZD1Q14：3

6．原始瓷碗JZD1Q14：5

彩版一八〇　周岗JZD1Q13、Q14及出土器物

1．周岗JZD1Q15

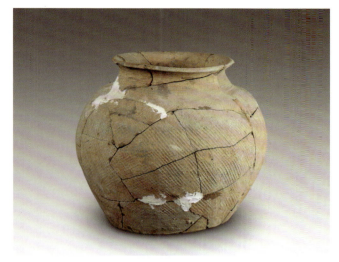

3．硬陶罐JZD1Q15：4

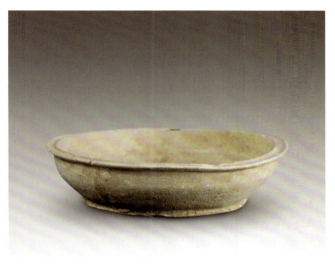

4．原始瓷碗JZD1Q15：5

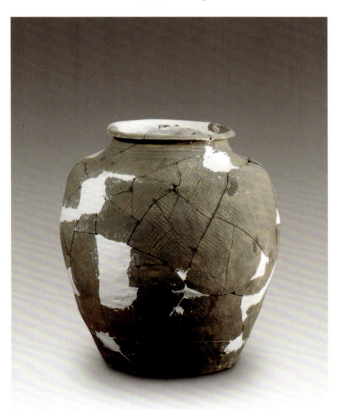

2．硬陶坛JZD1Q15：7

5．硬陶盂JZD1Q15：1

彩版一八一　周岗JZD1Q15及出土器物

1．周岗JZD1Q16

2．硬陶坛JZD1Q16：5

3．硬陶坛JZD1Q16：9

4．硬陶罐JZD1Q16：2

彩版一八二　周岗JZD1Q16及出土器物

1．硬陶罐JZD1Q16：4

2．陶杯JZD1Q16：1

3．原始瓷碗JZD1Q16：8

4．周岗JZD1Q17

5．陶罐JZD1Q17：1

6．陶罐JZD1Q17：8

彩版一八三　周岗JZD1Q16、Q17及出土器物

1. 硬陶坛JZD1Q17：4

3. 原始瓷碗JZD1Q17：2

4. 原始瓷碗JZD1Q17：3

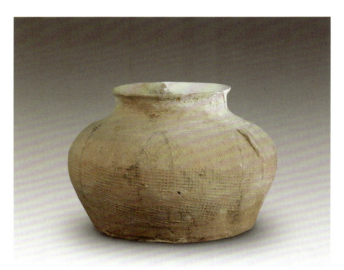

2. 硬陶瓿JZD1Q17：7-1

5. 原始瓷碗JZD1Q17：6

彩版一八四　周岗JZD1Q17出土器物

1．周岗JZD1Q19

4．周岗JZD1Q22

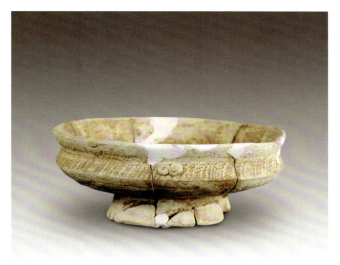

2．原始瓷豆JZD1Q19：2

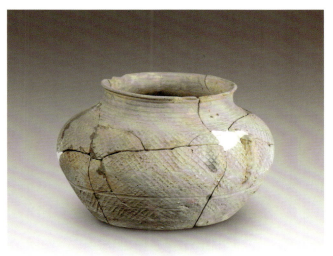

5．硬陶瓿JZD1Q22：3

3．硬陶碗JZD1Q19：1

6．硬陶瓿JZD1Q22：5

彩版一八五　周岗JZD1Q19、Q22及出土器物

1．硬陶罐JZD1Q23：2-1

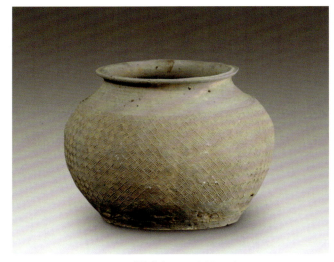

2．硬陶瓿JZD1Q23：4

3．原始瓷碗JZD1Q23：2-2

4．原始瓷碗JZD1Q24：2

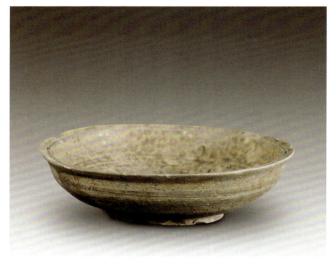

5．原始瓷碗JZD1Q24：3

6．原始瓷盂JZD1Q24：1

彩版一八六　周岗JZD1Q23、Q24出土器物

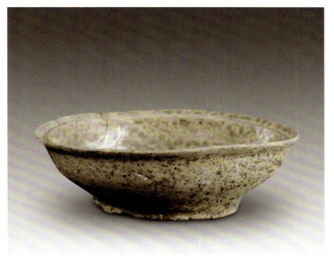

1．原始瓷碗JZD1Q25：2

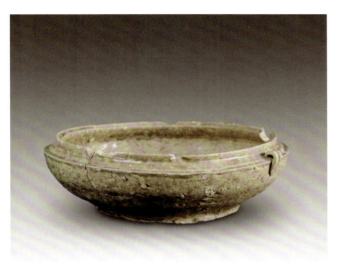

2．原始瓷碗JZD1Q25：3

3．周岗JZD1Q26

4．硬陶坛JZD1Q26：8

5．硬陶坛JZD1Q26：13

彩版一八七　周岗JZD1Q25、Q26及出土器物

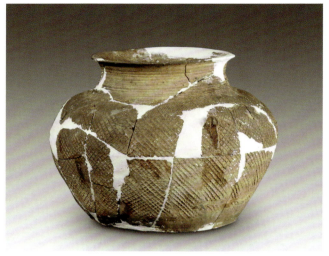

1．硬陶罐JZD1Q26：4

2．硬陶罐JZD1Q26：11

3．硬陶瓿JZD1Q26：12

4．原始瓷豆JZD1Q26：20

5．原始瓷豆JZD1Q26：23

6．陶盆JZD1Q26：15－1

彩版一八八　周岗JZD1Q26及出土器物

1．原始瓷壶JZD1Q26：15-2

2．原始瓷杯JZD1Q26：21

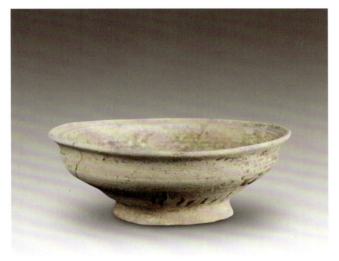

3．原始瓷碗JZD1Q26：2

4．原始瓷碗JZD1Q26：19

5．原始瓷碗JZD1Q26：22

6．原始瓷钵JZD1Q26：3

彩版一八九　周岗JZD1Q26出土器物

1．玉玦JZD1Q26：26

2．玉玦JZD1Q26：27

3．玉玦JZD1Q26：28

4．玉玦JZD1Q26：29

5．玉玦JZD1Q26：30

6．玉玦JZD1Q26：31

7．玉玦JZD1Q26：32

8．玛瑙石JZD1Q26：33

彩版一九〇　周岗JZD1Q26出土器物

1．周岗JZD2发掘前地貌

JZD2M1

2．周岗JZD2M1

彩版一九一　　周岗JZD2

1．陶鼎JZD2M1：1

2．陶鼎JZD2M1：6

3．硬陶罐JZD2M1：4

4．硬陶瓿JZD2M1：8

5．原始瓷豆JZD2M1：3

6．硬陶碗JZD2M1：7

彩版一九二　周岗JZD2M1出土器物

1．周岗JZD2M2

2．原始瓷碗JZD2M2：4

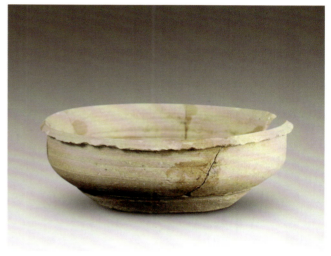

3．原始瓷碗JZD2M2：5

4．原始瓷碗JZD2M2：7

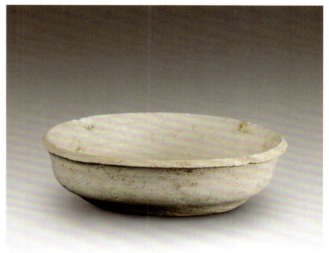

5．原始瓷碗JZD2M2：8

彩版一九三　　周岗JZD2M2及出土器物

1．硬陶坛JZD2M2：2

2．硬陶坛JZD2M2：3

3．硬陶坛JZD2M2：10-2

4．原始瓷碗JZD2M2：11

彩版一九四　周岗JZD2M2出土器物

1. 周岗JZD2M3

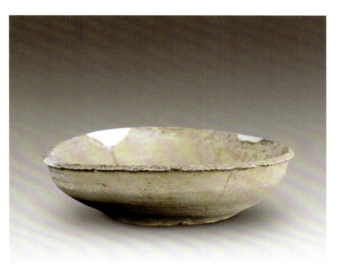

2. 原始瓷碗JZD2M3：1

4. 陶钵JZD2M3：8

3. 原始瓷碗JZD2M3：7

5. 陶器盖JZD2M3：3

彩版一九五　周岗JZD2M3及出土器物

1．硬陶瓿JZD2M3：4

2．硬陶瓿JZD2M3：5

3．硬陶瓿JZD2M3：6

4．硬陶瓿JZD2M3：9

5．硬陶瓿JZD2M3：12

彩版一九六　周岗JZD2M3及出土器物

1．周岗JZD2M4

2．硬陶瓿JZD2M4：9

3．硬陶坛JZD2M4：2

4．硬陶坛JZD2M4：4

彩版一九七　周岗JZD2M4及出土器物

1．原始瓷豆JZD2M4：5

2．原始瓷豆JZD2M4：7

3．原始瓷豆JZD2M4：8

4．周岗JZD2M5

5．原始瓷碗JZD2M5：1

6．原始瓷碗JZD2M5：2

彩版一九八　周岗JZD2M4、M5及出土器物

1. 周岗JZD2M6

2. 陶鼎JZD2M6：9

3. 硬陶罐JZD2M6：3

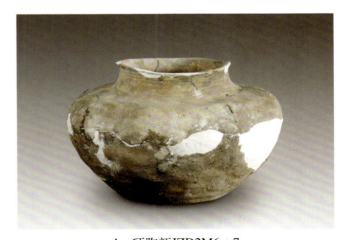

4. 硬陶瓿JZD2M6：7

彩版一九九　周岗JZD2M6及出土器物

1．硬陶碗JZD2M6：6

2．硬陶盂JZD2M6：1

3．陶器盖JZD2M6：15

4．硬陶瓿JZD2M7：3

5．周岗JZD2M7

彩版二〇〇　周岗JZD2M6、M7及出土器物

1．周岗JZD2M8

2．硬陶坛JZD2M8：4

3．原始瓷碗JZD2M8：1

4．原始瓷碗JZD2M8：3

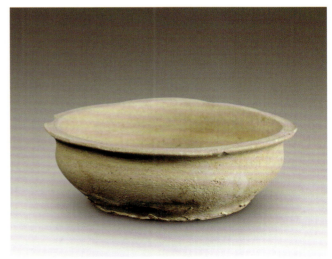

5．原始瓷碗JZD2M8：6

彩版二〇一　周岗JZD2M8及出土器物

1. 周岗JZD2M9

2. 陶鼎JZD2M9:7

3. 硬陶坛JZD2M9:2

4. 陶罐JZD2M9:5

5. 陶器盖JZD2M9:6

彩版二○二　周岗JZD2M9及出土器物

1．硬陶瓿JZD2M9：3

2．硬陶瓿JZD2M9：4

3．原始瓷罐JZD2M10：2

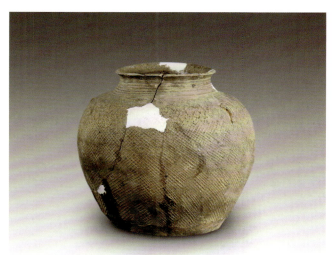

4．原始瓷罐JZD2M10：6

5．周岗JZD2M10

彩版二〇三　　周岗JZD2M9、M10及出土器物

1. 硬陶罐JZD2M10：10

2. 硬陶瓿JZD2M10：1

3. 硬陶瓿JZD2M10：3

4. 硬陶瓿JZD2M10：13

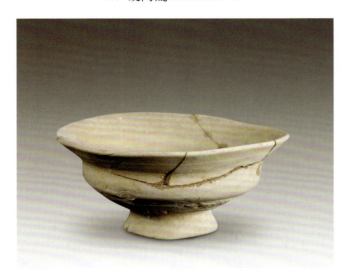

5. 原始瓷豆JZD2M10：7

6. 原始瓷豆JZD2M10：8

彩版二〇四　周岗JZD2M10出土器物

1．硬陶盂JZD2M10：11

2．陶器盖JZD2M10：4

3．陶器盖JZD2M10：14

4．周岗JZD2M11

5．硬陶碗JZD2M11：1

6．硬陶盖JZD2M11：3

彩版二〇五　周岗JZD2M10、M11及出土器物

1. 周岗JZD2M12

3. 硬陶罐JZD2M12：3

4. 原始瓷碗JZD2M12：2

2. 硬陶坛JZD2M12：4

5. 原始瓷盅JZD2M12：5

彩版二〇六　周岗JZD2M12及出土器物

1．周岗JZD2M13

2．硬陶坛JZD2M13：2

3．周岗JZD2M14

4．陶钵JZD2M14：1

5．陶钵JZD2M14：7

彩版二〇七　周岗JZD2M13、M14及出土器物

1. 周岗JZD2M15

2. 周岗JZD2M16

3. 陶罐JZD2M16：1

4. 陶罐JZD2M16：4

彩版二〇八　周岗JZD2M15、M16及出土器物

1. 陶罐JZD2M16：5

2. 陶器盖JZD2M16：6

3. 陶器盖JZD2M16：8

4. 陶器盖JZD2M16：9

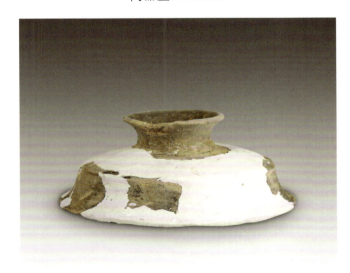

5. 陶器盖JZD2M16：11

彩版二〇九　周岗JZD2M16出土器物

1. 周岗JZD2M17

3. 硬陶坛JZD2M17：1

2. 陶鼎JZD2M17：4

4. 硬陶坛JZD2M17：2

彩版二一〇　周岗JZD2M17及出土器物

1. 周岗JZD2M18

2. 周岗JZD2M19

3. 陶器盖JZD2M19：6

4. 陶器盖JZD2M19：9

彩版二一一　　周岗JZD2M18、M19及出土器物

1．硬陶罐JZD2M19：1

2．硬陶罐JZD2M19：11

3．硬陶瓿JZD2M19：3

4．原始瓷豆JZD2M19：4

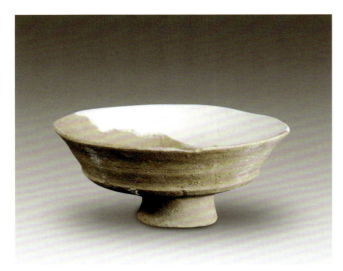

5．原始瓷豆JZD2M19：5

6．陶钵JZD2M19：7

彩版二一二　周岗JZD2M19出土器物

1．周岗JZD2M20

2．硬陶坛JZD2M20：8

3．硬陶瓿JZD2M20：5

4．硬陶瓿JZD2M20：6

彩版二一三　周岗JZD2M20及出土器物

1. 原始瓷豆JZD2M20：1

3. 硬陶坛JZD2M21：1

2. 原始瓷豆JZD2M20：2

4. 周岗JZD2M21

彩版二一四　周岗JZD2M20、M21及及出土器物

1．周岗JZD2M22

2．陶鼎JZD2M22：2

3．陶罐JZD2M22：4

4．陶瓿JZD2M22：5

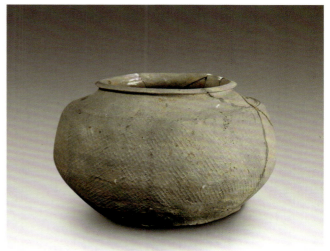

5．硬陶瓿JZD2M22：6

彩版二一五　周岗JZD2M22及及出土器物

1. 原始瓷豆JZD2M22：3

2. 原始瓷碗JZD2M22：7

3. 周岗JZD2M23

4. 陶罐JZD2M23：3

5. 硬陶罐JZD2M23：6

彩版二一六　周岗JZD2M22、M23及出土器物

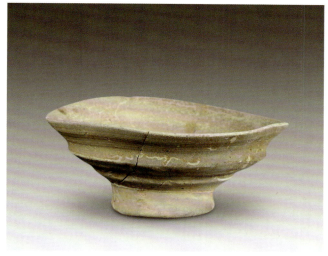

1．原始瓷豆JZD2M23：1

2．硬陶碗JZD2M23：2

3．陶器盖JZD2M23：5-1

4．陶罐JZD2M24：2

5．陶罐JZD2M24：3-2

6．陶豆JZD2M24：3-1

彩版二一七　周岗JZD2M23、M24出土器物

1．周岗JZD2M25

2．陶罐JZD2M25：3

3．陶器盖JZD2M25：1

4．硬陶坛JZD2M26：6

5．硬陶瓿JZD2M26：2

彩版二一八　周岗JZD2M25、M26及出土器物

1．周岗JZD2M26

2．周岗JZD2M27

3．陶盆JZD2M27：1

4．陶盆JZD2M27：2

彩版二一九　周岗JZD2M26、M27及出土器物

1. 周岗JZD2M28

2. 陶鼎JZD2M28：4

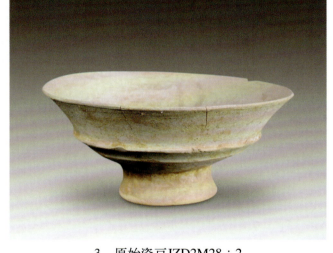

3. 原始瓷豆JZD2M28：2

4. 原始瓷豆JZD2M28：3

5. 原始瓷豆JZD2M28：5

彩版二二〇　周岗JZD2M28及出土器物

1．陶豆JZD2M28：6

2．陶钵JZD2M28：7

3．周岗JZD2M29

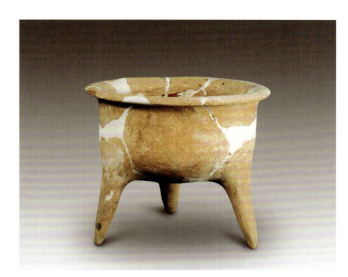

4．陶鼎JZD2M29：5

5．硬陶瓿JZD2M29：3

彩版二二一　周岗JZD2M28、M29及出土器物

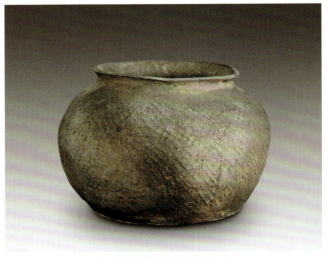

1．硬陶瓿JZD2M29：6

2．硬陶瓿JZD2M29：7

3．硬陶瓿JZD2M29：8

4．硬陶瓿JZD2M29：9

5．原始瓷碗JZD2M29：10

6．原始瓷碗JZD2M29：11

彩版二二二　周岗JZD2M29出土器物

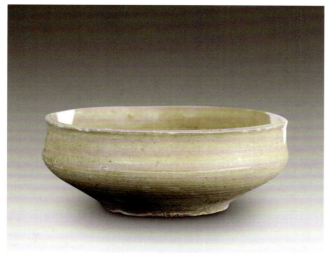

1．原始瓷碗JZD2M29：12

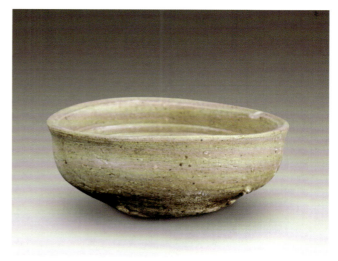

2．原始瓷碗JZD2M29：13

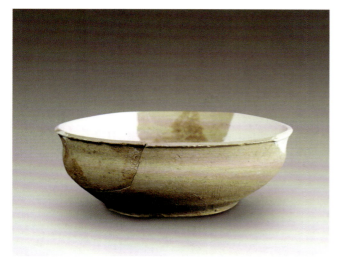

3．原始瓷碗JZD2M29：14

4．陶鼎JZD2M30：2-2

5．陶鼎JZD2M30：12

6．硬陶罐JZD2M30：6

彩版二二三　周岗JZD2M29、M30出土器物

1. 周岗JZD2M30

2. 硬陶坛JZD2M30：10—2

4. 硬陶瓿JZD2M30：15

3. 硬陶罐JZD2M30：8

彩版二二四　周岗JZD2M30及出土器物

1．原始瓷豆JZD2M30：11

2．原始瓷碗JZD2M30：1

3．陶碗JZD2M30：2-1

4．硬陶碗JZD2M30：14

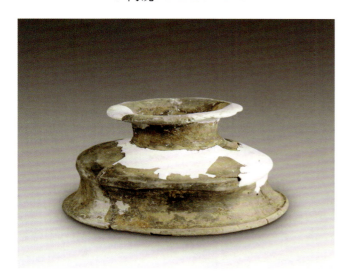

5．陶器盖JZD2M30：3

6．陶器盖JZD2M30：4

彩版二二五　周岗JZD2M30出土器物

1. 周岗JZD2M31

2. 陶鼎JZD2M31：5

3. 硬陶坛JZD2M31：1-2

彩版二二六　周岗JZD2M31及出土器物

1. 陶罐JZD2M31：1-1

2. 硬陶罐JZD2M31：3

3. 硬陶罐JZD2M31：9

4. 陶盆JZD2M31：4

5. 陶器盖JZD2M31：6

彩版二二七　周岗JZD2M31出土器物

1．硬陶瓿JZD2Q1：8

2．陶盆JZD2Q1：7

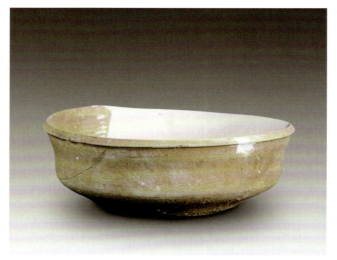

3．原始瓷碗JZD2Q1：3

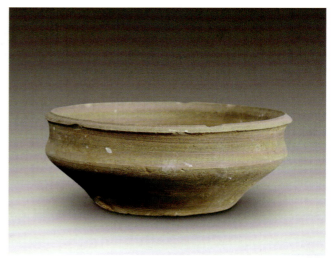

4．原始瓷碗JZD2Q1：4

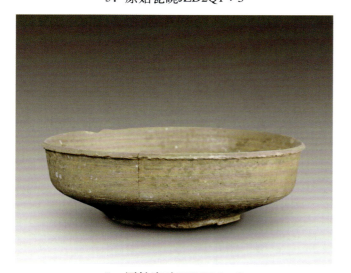

5．原始瓷碗JZD2Q1：9

彩版二二八　周岗JZD2Q1出土器物

1. 周岗JZD2F1

2. 周岗JZD2F1

彩版二二九　周岗JZD2F1

1．周岗JZD2F1

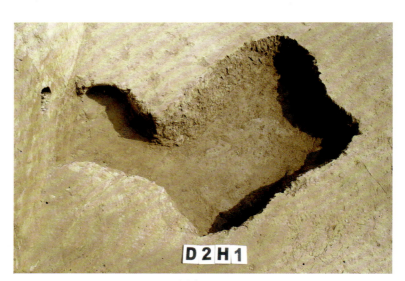

2．周岗JZD2H1

3．周岗JZD2H2

彩版二三〇　周岗JZD2F1、H1、H2

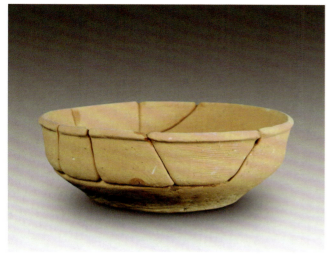

1．陶碗JZD2②a：2

2．原始瓷碗JZD2②a：3

3．原始瓷碗JZD2④a：1

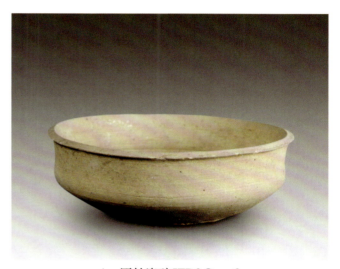

4．原始瓷碗JZD2④a：2

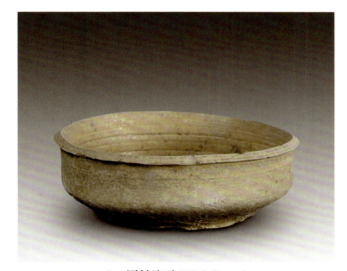

5．原始瓷碗JZD2④a：3

6．原始瓷碗JZD2④a：4

彩版二三一　周岗JZD2地层出土器物

1. 陶鼎JZD2⑦a：4

2. 硬陶坛JZD2⑦a：2

3. 陶罐JZD2⑦a：6

4. 硬陶瓿JZD2⑦a：1

5. 陶器盖JZD2⑦a：5

6. 陶器盖JZD2⑦a：8

彩版二三二　周岗JZD2地层出土器物